PRAISE FOR
ITUZAINGÓ:
EXILES AND REVERIES
EXILIOS Y ENSUEÑOS

Here are songs of memory, where children witness defeat and prophecy; where lullabies, odes, and villanelles are wide awake in the deep dream of the exiled daughter whose poems sing love and loss born of resistance movements and exile. In *Ituzaingó* there is a tenderness, a sweetness recovered and sung up. But not a naive sweetness—a rebellious sweetness that names "grape ices...bought from the math teacher at recess," because it must recover tenderness, not as a chore but as a revolutionary act of love. These poems know the horrors of the fascist, his gasoline, and his match. And so here is a quilt: bold and honest in its attention to trauma and horror and meditative in its attention to joy and vulnerability. Evoking poets, painters, intellectuals, and working people, Milito's poems know that poetry and promises will not stop fascists from returning, but the owl's "yellowed irises looking down at a dark blue wreckage" and the haunting awareness that "those blue birds of Sor Juana's / and the scabs of war / are home perhaps," just might save us.

RUTH IRUPÉ SANABRIA
author of *Beasts Behave in Foreign Land*

In Florencia Milito's brilliant debut we understand what it means to be exiled, "algo, pero no todo, se pierde." She weaves memory and hardship in both English and Spanish, showing us "the aftermath of ruins," but we also get to rejoice in the playful use of language found in every page in phrases like "esto esto es / esto es donde."

JAVIER ZAMORA
author of *Unaccompanied*

Florencia Milito's poems are dense with history, secrets, the imaginable and the unimaginable, escapes, and the inevitable returns to memories, some full of sorrow, all full of love and longing. *Ituzaingó* is a collection of poems that are quietly urgent, vibrant, and aware.

MK Chavez
author of *Mothermorphosis* and *Dear Animal*,
winner of the 2017 PEN Oakland Josephine Miles Award

Ituzaingó

Exiles and Reveries
exilios y ensueños

Florencia Milito

NOMADIC PRESS

OAKLAND

111 FAIRMOUNT AVENUE
OAKLAND, CA 94611

BROOKLYN

475 KENT AVENUE #302
BROOKLYN, NY 11249

WWW.NOMADICPRESS.ORG

MASTHEAD

FOUNDING AND MANAGING EDITOR
J. K. FOWLER

ASSOCIATE EDITOR
MICHAELA MULLIN

EDITOR
RAINA J. LEÓN

MISSION STATEMENT

Nomadic Press is a 501 (C)(3) not-for-profit organization that supports the works of emerging and established writers and artists. Through publications (including translations) and performances, Nomadic Press aims to build community among artists and across disciplines.

SUBMISSIONS

Nomadic Press wholeheartedly accepts unsolicited book manuscripts. To submit your work, please visit www.nomadicpress.org/submissions

DISTRIBUTION

Orders by trade bookstores and wholesalers:
Small Press Distribution,
1341 Seventh Street
Berkeley, CA 94701
spd@spdbooks.org
(510) 524-1668 / (800) 869-7553

Ituzaingó: Exiles and Reveries / exilios y ensueños
© 2021 by Florencia Milito

This book was made possible by a loving community of chosen family and friends, old and new.

For author questions or to book a reading at your bookstore, university/school, or alternative establishment, please send an email to info@nomadicpress.org.

Cover artwork and author portrait by Arthur Johnstone

Published by Nomadic Press, 111 Fairmount Avenue, Oakland, CA 94611

First printing, 2021

Printed in the United States of America

LIBRARY OF CONGRESS CATALOGING-IN-PUBLICATION DATA

Florencia Milito 1972 –
Title: *Ituzaingó: Exiles and Reveries / exilios y ensueños*
P. CM.
Summary: In *Ituzaingó: Exiles and Reveries / exilios y ensueños*, Florencia Milito intimately explores the legacy of state terror associated with the U.S.-supported 1976 military dictatorship in Argentina. Taking its title from the street where the author's family house was burned down by the paramilitary, this collection examines the effects of political flight and exile, finding in language a source of resistance, an opening, an agnostic's blue door.

[1. POETRY. 2. POLITICS. 3. RESISTANCE. 4. AMERICAN GENERAL.] I. III. TITLE.

LIBRARY OF CONGRESS CONTROL NUMBER: 2021932305

ISBN: 978-1-7363963-4-6

Ituzaingó
Exiles and Reveries
exilios y ensueños

Florencia Milito

**NOMADIC
PRESS**

CONTENIDO

INTRODUCCIÓN

EXILIOS

ENSUEÑOS

CONTENTS

GUÍA PEDAGÓGICA

CLASSROOM GUIDE

INTRODUCCIÓN

En 1976 mi familia emigró de Argentina, que estaba controlada por una dictadura militar apoyada por los EEUU. Durante los primeros años de exilio vivimos en Venezuela, y finalmente nos mudamos a los Estados Unidos. Escribí mi primer poema en castellano antes de aprender inglés, y apenas llegada a Urbana-Champaign, Illinois. Era un poema anti-Reagan en el cual la estatua de la libertad es robada. Recuerdo que el poema era breve y de pocas palabras, y que su verso final decía "y el presidente sigue dormido".

Como niña de una familia de izquierda que había experimentado el terror de estado, encontré consuelo en el lenguaje y la poesía mucho antes de escribir aquel primer poema. En la comunidad de exiliados en Venezuela, mi abuela materna recitaba a Darío y Lorca mientras circulaba por la casa realizando tareas domésticas: lavando las jarras de pickles, cortando las berenjenas, pelando las zanahorias para el escabeche. A la hora de la siesta nos leía historias de la Biblia y fábulas de Esopo en un libro cuyo raído encuadernado verde ha quedado grabado en mi memoria.

Los poemas en esta colección abarcan muchos años, incluso décadas, y exploran algunos fragmentos de mi vida, algunos de los personajes y lugares que componen su fragmentado mosaico. Por mucho tiempo, fantaseé en forma recurrente que si pusiese los dislocados fragmentos de mi vida en una página, se consumirían en llamas.

Ituzaingó: exilios y ensueños delinea aspectos del legado del terror de estado: la reticencia y el temor, el desarraigo y el desplazamiento, los quiebres. Pero mi esperanza es que también ofrezca lenguaje e imaginación como contrapunto, como fuerza vital y fuente de resistencia, un espacio para formular preguntas.

Esta colección fue originalmente escrita en inglés, pero tengo una deuda

INTRODUCTION

In 1976, my family fled a U.S.-supported military dictatorship in Argentina. We settled in Venezuela during those first years of exile and eventually moved to the United States. I wrote my first poem in Spanish before I knew English and soon after moving to Urbana, Illinois. It was an anti-Reagan poem in which the statue of liberty had been stolen. I remember that the poem was short and sparse and that the last line read "y el presidente sigue dormido" ("and the president remains asleep").

As a child from a leftist family who had experienced state terror, I found solace in language and poetry long before writing that first poem. In the exile community in Venezuela, my maternal grandmother recited Darío and Lorca as she went about the household chores: washing the pickling jars, slicing the eggplants, peeling the carrots for the escabeche. At siesta time, she read us stories from the Bible and Aesop's tales from a book whose tattered green binding has been etched permanently into my memory.

The poems in this collection span many years, decades even, and explore some of the shards of my life, some of the personages and places that comprise its cracked mosaics. For a long time, a recurrent fantasy for me was that if I put all the disparate fragments of my life on the page, it would go up in flames.

Ituzaingó: Exiles and Reveries traces some of the legacy of state terror: the reticence and fear, the rootlessness and displacement, the breakdowns. But my hope is that it also offers language and imagination as a counterpoint, as a life force and source of resistance, a place to ask questions.

This collection was first written in English, but I have a lifelong debt to the Spanish of my first poem, of my nuclear and extended family, of my childhood. One of the first people to suggest that I might want to publish this collection in a bilingual format was a dear poet friend in Argentina,

de toda la vida al castellano de mi primer poema, de mi familia nuclear y extensa, de mi niñez. Una de las primeras personas que sugirió que publicase esta colección en formato bilingüe fue mi querida amiga poeta en Argentina, Gilda Di Crosta, cuyos poemas yo traduje al inglés. Trágicamente, Gilda falleció en noviembre de 2019, justo antes de que Nomadic aceptase el manuscrito en inglés.

La mayoría de mi familia aún vive en América Latina, mayormente en Argentina. Y la mayoría no lee inglés. Aparte de mi sentido de deuda al castellano, quise traducir esta colección para ellos. Inevitablemente, algunos de los ritmos del original se han perdido en la traducción. Cuando estuve forzada a elegir, decidí privilegiar la centralidad de las imágenes sobre el conteo de sílabas y las rimas.

Mi padre, Rodolfo Milito, y mi amiga poeta, Lelé Santilli, ofrecieron comentarios sobre las traducciones y fueron una parte integral del proceso.

Gilda Di Crosta, whose poems I have translated into English. Tragically, Gilda passed away in November 2019 just before Nomadic Press accepted the English version of the manuscript for publication.

Most of my family still lives in Latin America, mostly in Argentina. And most of my family does not read English. Aside from my sense of debt to Spanish, I wanted to translate this collection for them. Inevitably, some of the rhythms of the original have been lost in the translation. When forced to choose, I decided to eschew syllabic counts and rhymes in order to center images.

My father, Rodolfo Milito, and my poet friend, Lelé Santilli, offered feedback on the translations and were an integral part of the process.

EXILIOS

EXILES

CANCIÓN DEL EXILIO

Cántame hija,
sobre rupturas
y exilios:
la descendencia
matrilineal
de felinos con ojos amarillos,
manchas de sangre
sobre magnolias perfumadas
que precedieron a las abejas.

SONG OF EXILE

Sing to me, child
of ruptures
and exiles:
the matrilineal
inheritance
of yellow-eyed felines,
blood stains
on scented magnolias
that preceded the bees.

TÍA MIRTA
CARACAS, 1979

Ahora roba flores
de jardines vecinos,
espera hasta la hora de la siesta
cuando todos duermen
las esconde debajo de su blusa,
las espinas de las rosas
le pinchan la piel,
rozan sus cicatrices:
ex-revolucionaria exiliada convertida
en ratera de poca monta,
viviendo sus días bajo
el impasible sol del Caribe,
qué diría la nota de pie
si la hubiera.

AUNT MIRTA
CARACAS, 1979

Now she steals flowers
from the neighbors' gardens,
waits until siesta time
when they are asleep,
hides them under her blouse,
the thorns from the roses
prickle her skin,
brush against her scars:
exiled ex-revolutionary turned
small time thief
living out her days under
the non-judgmental Caribbean sun,
what the caption would read
if there were one.

INFANCIA

De plenitud tropical, monte desbordado, bananos y helechos salvajes, la veranda azul con vista al monte, prohibido para los niños, piernas colgadas sobre la veranda, debajo de faldas plisadas azul marino o jeans los días de uniforme, rodillas raspadas por jugar a La Ere en el asfalto, de los márgenes coloridos que trazamos en cuadernos rayados, de nuestros dibujos, palmeras y el sol tropical brillante, las líneas onduladas azules del Caribe, de una Sarita canosa, amada directora, pionera, su rostro bello y esculpido, sus aires vagamente altaneros, quien durante un destello de furia una vez le tiró un zapato al payaso de Balodia durante la clase de matemáticas, de Sarita de nuevo, el uso del diminutivo en su apodo servía sólo para destacar su presencia, quien me enseñó algo sobre los modos del mundo al favorecer a mi mejor amiga Lisa para que saliera a la bandera, de la maestra que se le opuso porque yo, tímida hija de inmigrantes, tenía mejor promedio, de aquel paseo predestinado a la piscina pública del pueblo, más allá del cementerio, para encontrarlo invadido por ranitas después de una tormenta tropical, del púrpura profundo de los raspados que le comprabamos a la maestra de matemática en el recreo, de los dibujos a lápiz prohibidos que Leonora, Chilena, también hija de exiliados y estudiante precoz de la anatomía humana, le vendía a los varones por céntimos, de la palabra jamonearse, murmurada por los varones en la hora del recreo, de Balodia, el niño rebelde con ojos esmeraldas y mi primer amor, cuyo abuelo era poeta, murmurando que él era Superman y yo Lois Lane.

INFANCIA

Of tropical plenitude, overgrown monte, wild banana plants and ferns, of the cobalt-blue veranda overlooking the monte, off-limits to kids, of legs dangling over the veranda, under pleated navy skirts or blue jeans on uniform days, of knees skinned from playing La Ere on the asphalt, of the colorful margins we drew in our lined notebooks at the beginning of the school year, of our drawings, palm trees and the bright, tropical sun, the squiggly blue lines of the Caribbean, of a greying Sarita, beloved principal, trailblazing pioneer, her beautiful, sculpted face and vaguely patrician airs, who, in a flash of fury, once threw a shoe at clowning Balodia during math class, of Sarita again, the use of the diminutive in her nickname, which only enhanced her presence, who taught me something about the ways of the world by favoring my best friend Lisa for valedictorian, of the classroom teacher who stood up to Sarita that day because I, shy daughter of immigrants, had higher grades, of the fated field trip to a local swimming pool, beyond the cemetery, only to find it overrun with tiny frogs after a tropical storm, of the deep purple of the raspados, grape ices we bought from the math teacher at recess, of the forbidden pencil drawings Leonora, the Chilean, also a daughter of exiliados and a precocious student of human anatomy, sold to the boys for centimos, of the Venezuelan word jamonearse, making out, whispered by the boys at recess, from jamón which means ham, of Balodia, the bad boy with emerald eyes and my first crush, whose grandfather was a poet, whispering he was Superman and I Lois Lane.

ROSARIO

Caminando por calle Ituzaingó
paso por la dirección que de niña
me trababa la lengua
el nombre extranjero, regio y lejano
Ituzaingó
de un cóndor gigante
con alas desplegadas
misterioso e intocable
Ituzaingó
estaba escrito con tinta en mi pasaporte.

En alguna parte de esta calle
está la casa en la que creció
mi padre
la casa donde mi bisabuelo italiano
exigía fettuccine con pesto
todas las noches
la casa
que era "la casa del pueblo"
donde mi papá y mis tíos
llevaban a sus amigos
y tenían sus reuniones.

Ituzaingó
alguno de aquellos parapoliciales
debe haber escrito en algún papelito
un rato antes aquella noche
Ituzaingó
de un cóndor gigante con alas desplegadas
aquella noche que vinieron a buscar a mi familia
pero al no encontrar a nadie

ROSARIO

I walk past the street Ituzaingó
past an address that as a child
twisted my tongue
the name foreign and regal and far away
Ituzaingó
of a giant condor
wings spread open
mysterious and untouchable
Ituzaingó
was written in ink on my passport.

Somewhere on this street
is the house my father grew up in
the house
where my Italian great-grandfather
demanded fettuccine with pesto
every night
the house
that was la casa del pueblo
where my father and uncles
brought their friends
and held their meetings.

Ituzaingó
one of those plainclothes policemen
must have scribbled it on a piece of paper
earlier that night
Ituzaingó
of a giant condor, wings spread open
that night they came looking for my family
but finding no one

para hacer desaparecer
quemaron
mesitas de luz
y camas
y libros
y fotos
y recuerdos
y todo,
una hoguera gigante con la historia de mi familia.

＊

Aquí te traen soda con el café
hoy como el boogie-woogie
las burbujas saltan casi a la altura
del pequeño vasito.

Corro hacia esta ciudad como una niña tratando de cazar luciérnagas
la quiero embotellar por una noche pero me tropiezo
con una grieta
de veinte años
esto esto es
esto es donde
fui amamantada con los cafés con leche
de los boliches del barrio
esta es la calesita
a la que me traía mi abuelo
vueltas y vueltas
esto esto es
intento meter esta ciudad hacia adentro
pero me rebota
como aquellas burbujas,
cada imagen propulsada por su propia
separación.

to make disappear
burned
night tables
and beds
and books
and pictures
and memories
and everything,
a giant bonfire of my family's history.

*

Here they bring you seltzer with your coffee
today like the boogie-woogie
the bubbles jump almost the height
of the small shot-like glass.

I run after this city as a child trying to catch fireflies
I want to bottle it for a night but I stumble
on a twenty-year
crack
this this is
this is where
I was breastfed on the café con leche
of neighborhood bars
this is the carousel
my grandfather brought me to
around and around
this this is
I try to pull this city in
but it bounces out of me
like those bubbles,
each image propelled by its own
separateness.

ANIMAL TOTEM

La noche antes de que los parapoliciales quemaran
la casa de familia de mi padre,
la casa de Ituzaingó,
poniéndole particular atención
a un libro sobre Cuba,
posado sobre la mesita de luz de mi
muy correcta y católica abuela,
un regalo de su hijo más irreverente,
mi madre tuvo un sueño profético
sobre un búho, sus alas recortadas
sus ojos amarillos saltones,
y supo que debíamos huir.
Se amamanta el terror,
se transmite
en la leche materna.
Llevé conmigo
esos ojos
a la ruinas azul oscuras
del exilio,
su hipervigilancia
ahora mía.

TOTEM ANIMAL

The night before the parapolicías burned
my father's family home,
la casa de Ituzaingó,
taking particular care
to scorch a book about Cuba
on my very proper, Catholic grandmother's
nightstand, a gift
from her most irreverent son,
my mother had a prophetic dream
about an owl, its clipped wings, bulging
yellow eyes,
and knew we had to flee.
Se amamanta el terror,
passed down
in the mother's milk.
I carried with me
those eyes
into the dark blue
wreckage of exile,
their hypervigilance
now mine.

ORDEN

Cuando fracasó la revolución
mi padre se volcó
a las ecuaciones matemáticas.

El miedo es, por más, el maldito legado
de cualquier dictadura, la forma
en que te sigue
hasta el otro lado del mundo, así
como los caracteres adaptativos
de Darwin
también se transmite
a los hijos.

Por años pensé que la derrota
llevaba el olor de mi padre—
afeitado, meticuloso—
y añoraba
aquel líder estudiantil barbudo
quien expulsado por arrojar huevos
a oficiales corruptos de la iglesia,
encontró trabajo en las fábricas.

Y sin embargo
los caracteres de mi padre
formaron una caligrafía exquisita,
una simple dignidad acompañó
su impulso hacia el orden:
ecuaciones empacadas
prolijamente en la página,
signos de integración congelados
como pájaros momificados,
sus siluetas
aún intactas.

ORDER

After the revolution failed
my father turned
to mathematical equations.

Fear is the most damning legacy
of any dictatorship, how
it follows you clear
across the world, how
like Darwin's adaptive characters
it too is passed on
to the offspring.

For years I thought defeat
smelled like my father—
clean-shaven, meticulous—
and hungered
for that bearded student leader
who, expelled for throwing eggs
at corrupt church officials,
found work in the factories.

And yet my father's characters
formed a most exquisite calligraphy,
a quiet dignity accompanied
his impulse to order:
equations packed
neatly on the page,
integral signs frozen
like mummified birds,
their silhouettes
still intact.

CICLOS Y LAURELES
PARA MAMÁ

el día de su internación
fue de un verde bosque
me siguió a todas partes
un verde profundo, casi negro
pero nada tan negro
como sangre coagulada

una gigantesca muñeca a cuerda
ahora y otra vez
se congela
como si alguien hubiese olvidado
darle cuerda

CYCLES AND LAURELS
PARA MAMÁ

the day of her hospitalization
was forest green
it followed me everywhere
deep green, close to black
but not black at all
like coagulated blood

a giant windup doll
now and again
she freezes
as if someone
forgot to wind her

EN EL INTERIOR DE LOS ATRABILIARIOS DE SALCEDO
PARA RAÚL Y SILVIA, E INCONTABLES OTROS

Dentro de estas paredes blancas de la galería,
pequeños huecos anidados,
cubiertos por fibras estiradas
de animales. Altares íntimos,
cajas de memorias suturadas, nacidas
de las entrañas de animales sacrificados,
delicados como pimpollos color durazno.
Cada uno un escenario cerrado, una ventana opaca
a un vestigio, un fragmento de un mundo
tan distante como Mercurio:
una zapatilla de ballet rosa,
una sandalia romana gastada,
taco alto color marfil
y así otros. Cada zapato oculto, cada uno
una pizca de color, una silueta,
cada uno el alguien de alguien,
cada uno una refutación elegante
al verso de Sor Juana: *es cadáver,*
es polvo, es sombra, es nada;
cajas de música acalladas
tocando un eterno vals verde.

INSIDE SALCEDO'S ATRABILIARIOS
FOR RAÚL AND SILVIA, AND COUNTLESS OTHERS

Inside white gallery walls,
small niches, nestled,
covered with stretched
animal fiber. Intimate altars,
sutured memory boxes, born
of the bowels of sacrificial animals,
delicate as peach blossoms.
Each an enclosed stage, an opaque window
to a remnant, a shard of a world
distant as Mercury:
a rose ballet slipper,
a weathered Roman sandal,
an ivory high-heeled pump,
and so on. Each shoe occluded, each
a dash of color, a silhouette,
each of someone's someone,
each an elegant rebuttal
to Sor Juana's *es cadáver,*
es polvo, es sombra, es nada;
muffled music boxes
playing an eternal green waltz.

ENTRAMADO

Quiero quedarme dentro de esta cuadrícula—
       estos rojos y azules
       alambres de púa o entramado
       y el recinto de alguna forma una fuga

en su ternura
       pero más en su ausencia
              los pájaros están presentes

aquellos pájaros azules de Sor Juana
       y las cicatrices de la guerra
           son mi hogar tal vez

y por eso me resultan tan familiares
       el entramado de sangre brillante
           lleno de vida y el azul-celeste

sugiere
       infancia, si bien solo
           paisajes de guerra y confinamiento, es cierto

pero también aquello que yace por debajo—
       la posibilidad de vuelo y reparación,
       rosas empolvadas,
       vestigios de ruinas.

LATTICE

I want to stay inside this grid—
        the reds and blues
        barbed wire or lattice
        and the enclosure somehow a flight

in its tenderness
        but in their absence
                birds are most present

those blue birds of Sor Juana's
        and the scabs of war
                are home perhaps

and why so familiar
        the blood-brilliant lattice
                teeming life and the sky-blue

bright celeste hints
        of childhood, if barely
                warscape and confinement, true

but also what lies beneath—
        the possibility of flight and redress,
        dusty roses,
        the aftermath of ruins.

ENSUEÑOS

REVERIES

HAIKU DE COLORES
PARA PAPÁ, CITY OF HOPE, LOS ANGELES

Imaginación
de volátil llama azul
a tacuarita

✻

En la clínica:
luz borrosa, gomeros
sueños dientes de sable

✻

¿Te acordás, papá?
con cáscaras de nuez y papel
flotábamos veleros blancos

✻

Mientras te llevan
se abren tus perlados ojos grises
un hurra final

✻

En el jardín Zen
las carpas amarillas se deslizan
las tortugas, alertas, vigilan

✻

Un único pato marrón
entre carpas y tortugas
a la deriva

✻

COLOR HAIKU
PARA PAPÁ, CITY OF HOPE, LOS ANGELES

Imagination
tiny, petulant blue flame
morphs into a wren

※

In the hospital:
hazy sunlight, rubber trees
red, saber-toothed dreams

※

Remember, papá?
from walnut shells and paper
floated white sailboats

※

As they wheel you in
your gray oyster eyes widen
a final hurrah

※

In the Zen garden:
the yellow carps glide, just are
turtles, alert, watch

※

A single brown duck
among the carps and turtles
just drifting, drifting

※

Coqueta colibrí verde lima
sus motas bailando el vals
suspendido, encantado

❋

Debajo de un viejo
jacaranda púrpura
sueño de allá

❋

Anarquistas, soñadores
búhos adivinos del espíritu
un solitario lirio blanco

❋

Raro árbol verde forestal
el baobab del principito
me sostiene en su ojo

❋

Cuando llega el momento
la mente, perturbada, se adormece
nubes violetas a la deriva

❋

Dulce olvido, innato
hasta del salvaje terror malva
el canto en los pájaros

❋

Briza infantil arrolladora
los violines azules de Vivaldi
sucumbo al sueño

❋

Lime-green hummingbird
coy, speckled sprite waltzing by
halting, in delight

*

Under this purple
tree, an old jacaranda
daydream of allá

*

Anarchists, dreamers
divining owls of Spirit
a lone white lily

*

Odd, forest-green tree
the little prince's baobab
holds me in its eye

*

When the moment comes
the mind, upset, numbs itself
drifting violet clouds

*

Sweet forgetting, wired
even of wild mauve terror
songmaking in birds

*

Lulling childhood breeze
Vivaldi's blue violins
I succumb to sleep

*

Ciudad de glaciares,
azotada por el viento, una puerta azul oscila
una silla, espera

＊

¿Y qué de la envidia?
linfocitos verdes librando
sin soplo o respiro

＊

¡Oh, locura!
amarillo despertar de los relojes
exige mostrar la jugada

＊

Cuando despiertas
el tiempo galopa en un caballo blanco
un hombre anciano, satisfecho

City of glaciers,
windswept, a swinging blue door
a lone chair, waiting

❋

And what of envy?
green lymphocytes waging to
no breath or avail

❋

Oh, insanity!
yellow waking from the clocks
calling the bluff of

❋

When you first awake
time on a white horse gallops
an old man, content

MARIA DE SORRENTO

Cuando estoy sin litoral y enferma
me visita, la Señora del Mar.
Trae con ella una banda verde,
el aroma a sal que me llena los pulmones
y me deja respirar.
Una espigadora en una tierra forzada a dejar,
de estirpe campesina, humilde
la Señora del Mar.
Cuando estoy sin litoral y enferma,
demasiado agotada para la luna,
me visita a mí.

De estirpe campesina, humilde
la Señora del Mar,
su cabello hebras de alga plateadas,
sus arrugas, escritura antigua.
De gente desplazada
por los bien montados y el glitz,
el mar es de ella para ofrecer,
su aroma a sal, su banda verde.

Fue en Sorrento que la vi por primera vez
a la Señora del Mar,
de estirpe antigua desplazada
por los bien montados y el glitz,
una espigadora en su propia tierra, bañandose
en una curva escarpada de playa,
y sin importarle las leyes de los hombres
o las escrituras,
con gracia y soltura,
y un gesto cálido, me invitó a compartir. El mar

MARIA DE SORRENTO

When I am landlocked and diseased
she comes to me, the Lady of the Sea.
And brings with her a swath of green,
the scent of salt that fills my lungs
and lets me breathe.
A gleaner in a land she was forced to flee,
of peasant, humble stock
the Lady of the Sea.
When I am landlocked and diseased,
too weary for the moon,
she comes to me.

Of peasant stock, humble,
the Lady of the Sea,
her hair silver strands of seaweed,
her wrinkles, ancient script.
Of a people long displaced
by the well-heeled and the glitz,
the sea is hers to offer,
its scent of salt, its swath of green.

It was in Sorrento I first saw
the Lady of the Sea,
of ancient stock displaced
by the well-heeled and the glitz,
a gleaner in her own land, bathing
on a craggy bend of beach,
and no matter Man's Laws
nor Title Deeds,
with grace and ease
she waved me in. The sea

de ella para ofrecer,
lo hizo así.

De estirpe campesina, humilde
la Señora del Mar,
su cabello hebras de alga plateadas,
sus arrugas, escritura antigua.
Una espigadora en una tierra forzada a dejar,
cuando estoy sin litoral y enferma,
demasiado agotada para la luna,
me visita a mí.

was hers to offer,
and so she did.

Of peasant, humble stock
the Lady of the Sea,
her hair silver strands of seaweed,
her wrinkles, ancient script.
A gleaner in a land she was forced to flee,
when I am landlocked and diseased,
too weary for the moon,
she comes to me.

SUEÑOS IMAGINARIOS

Sobre la mesa, una naranja ilumina la habitación. Es una naranja sanguínea partida en dos. Sola en la mesa, al lado, un cuchillo afilado. Hay algo en su suculencia, en su ternura. Su dulzura imaginaria me transporta a mi infancia en el Caribe. Días saboreando lo salado, amarillento de las olas y construyendo gárgolas en la arena. Moldeamos paisajes imaginarios. Nuestro entusiasmo febril, soñamos con planetas nuevos y una misión secreta. Hay algo sereno en nuestro aspecto. Hemos descubierto un secreto y se encuentra en la mesa de la cocina, bajo la forma de una naranja sanguínea en rodajas.

IMAGINARY DREAMS

An orange sits on a table, lighting the room. It's a blood orange and has been sliced in half. It sits alone, on the table next to a sharpened knife. There is something about its succulence, its tenderness. Its imagined sweetness takes me to my childhood in the Caribbean. Days spent tasting the yellowed saltiness of the waves and making gargoyles in the sand. We shape imaginary landscapes. Our excitement feverish, we dream of discovering new planets on our brave secret mission. There is something serene in our demeanor. We have discovered a secret, and it rests on the kitchen table in the form of a sliced blood orange.

PRINCESA DE HIELO
PARA EUNHEE

Oye, no es culpa suya.
Es culpa de los muertos.
La sangre azul de una princesa coreana
corre por sus venas.
Durante la dinastía Cho alimentó
a su mamá y papá
con dulces tortas de cianuro. Se convirtieron
en palomas púrpuras y los mantuvo cautivos
en una jaula dorada en su mesita de luz.
Oye, todos los niños desean que sus padres
vivan para siempre.

ICE PRINCESS
FOR EUNHEE

Listen, it is not her fault.
The dead are to blame.
The blue blood of a Korean princess
runs through her veins.
During the Cho Dynasty she fed
her mother and father
sweet cyanide cakes. They turned
into purple doves and she kept them
in a golden cage by her bedside.
Listen, all children wish for their parents
to live forever.

ODA A HENRY DARGER

Lleva dientes de león en la cabeza,
un campo expansivo, bello.
De día un portero, decían ellos.

Nubes de algodón para contar como ovejas en la cama,
melenas para coronar los tallos.
Lleva dientes de león en la cabeza.

Barrió y fregó, pulió para ganarse el pan.
Los chicos jugaban, se escondían detrás de sus madres.
De día portero, decían ellos.

De noche, una misión secreta lo llevó
a plegar las tablas del cielo, coser sus gemas.
Lleva dientes de león en la cabeza.

Amo de casa celestial,
escribe ahora entre los dientes de león, mordisquea sus tallos.
Fue portero, decían ellos.

Nadie supo que dibujó, escribió y leyó,
pulió la luna brillante, plegó el ruedo del cielo.
Lleva dientes de león en la cabeza.
De día fue portero, decían ellos.

VILLANELLE FOR HENRY DARGER

He carries dandelions in his head,
a whole expansive field of them.
By day a janitor, they said.

Fluffy clouds to count like sheep in bed,
glorious lions' manes to crown the stems.
He carries dandelions in his head.

He swept and scrubbed, polished for his bread.
The children played, hid behind their mothers' hems.
By day a janitor, they said.

At night a secret, lone mission led
to pleat the folds of sky, to stitch its gems.
He carries dandelions in his head.

A celestial housekeeper instead,
writes now among the dandelions, nibbling on their stems.
He was a janitor, they said.

No one knew he drew and wrote and read,
polished the bright moon, pleated the sky's hem.
He carries dandelions in his head.
By day he was a janitor, they said.

ODA A ASTORIA

De aquella mesonera, menudita y agotada, que sueña con ahorrar lo
suficiente como para regresar a la casa de su madre en Chipre, de las
vírgenes de plástico con sus túnicas azules, de rosedales modestos pero
bien cuidados, de las verdulerías coreanas abiertas las 24 horas con sus
berenjenas púrpuras y zapallitos verdes pálidos con cuellos de cisne,
sus pilas de naranjas y pomelos brillantes, ofrendas a un dios solitario,
iluminando tu camino a casa desde el subte, del aroma de cordero
asándose al spiedo en el patio de un vecino un domingo de Pascuas, de
Wolf revisando torpemente una bolsa llena de llaves sin rótulos, del
viejo vecino alemán, un dandy envejecido que deja la puerta entreabierta
para escuchar algunos sonidos humanos, de la misma manera que otros
pueden prender una radio en la cocina, el mismo vecino que te acosa en
el pasillo para contarte—como un disco rayado—sobre el doctor judío
que se escapó con su chica, aquella con la que él nunca se había animado
a casarse, del café Athens, con los viejitos griegos fumando a pesar de la
ordenanza de la ciudad y discutiendo política, las panaderías árabes con
sus exquisiteces de pistacho y miel, los cafés con los hombres egipcios
sentados en ronda en la vereda fumando la pipa de agua, de las vidrieras
de los negocios, barriles repletos de aceitunas, dátiles y almendras,
de sus calles casi siempre sucias, con diarios abandonados y papelitos
descartados, del vendedor de los kebobs alimentando a los hambrientos
trasnochadores de los bares y de los adolescentes, manejando sus autos
demasiado rápido, dando vueltas y vueltas, como si estuviesen atrapados
en el pueblito más chico y desolado de Arkansas, de los estudiantes
japoneses siempre tan "hip", siempre en pareja y vistiendo Prada, de la
iglesia católica Most Precious Blood Catholic Church ("La Preciosísima
Sangre"), el nombre evocador en español o italiano o portugués pero
demasiado clínico, sugiriendo jeringas y tubos de ensayo, en inglés, de
la pequeña iglesia griega ortodoxa con el techo de cobre verde donde, en
una "venta de garaje", encontrás muñecas rusas apiladas, un pequeño
hombre de madera con bigotes acurrucado dentro del cuerpo amplio

ODE TO ASTORIA

Of the tired, petite waitress who dreams of saving enough to go back home to her mother in Cyprus, of the plastic virgins with their blue mantles, the modest, tended rose gardens, of the all-night Korean fruit stand with its purple eggplants and swan-necked, pale-green zucchinis, its piles of bright oranges and pomelos, offerings to a lonely God, lighting your way back home from the subway, of the scent of lamb roasting on a spit in a neighbor's yard on Easter Sunday, of Wolf fumbling through a bag of unlabeled apartment keys, of the old German neighbor, an aging dandy who leaves his door ajar so as to hear some human sounds, the way others turn on the kitchen radio, the same neighbor who accosts you in the hallway to tell you—like a broken record—about the Jewish doctor who ran off with his girl, the one he never could make up his mind to marry, of the Athens Cafe, with the old, animated Greek men smoking despite the city ordinance and talking politics, the Arab bakeries with their honeyed pistachio delicacies, the coffee house with the Egyptian men sitting in a circle on the sidewalk smoking the hookah, of the shop windows, barrels brimming with olives, dates, and almonds, of the streets too often littered with garbage, abandoned newspapers and discarded wrappers, of the shish kebab man feeding the hungry late-night bar crawlers and teenagers, driving their cars much too fast, around and around, as if trapped in the most desolate small town in Arkansas, of the hip Japanese art students always coupled and decked in Prada, of the Most Precious Blood Catholic Church, the name evocative in Spanish or Italian or Portuguese but too clinical, conjuring syringes and test tubes, in English, of the tiny Greek Orthodox church with the green copper roof where you find some stacked Russian dolls in a yard sale, a tiny, mustached wooden man nestled inside an ample Russian woman, of the N slow and rickety like an old-fashioned amusement ride, of the children running around wild-eyed in the local restaurants, and the Brazilian fans honking all night up and down Broadway after Brazil wins the World Cup, of, ultimately, the wave of Mediterranean warmth

de una mujer rusa, de la línea N, vieja y destartalada, como una vuelta en un antiguo parque de diversiones, de los chicos corriendo por los restaurantes del barrio, pícaros y sueltos, de los hinchas brasileños tocando bocina toda la noche por la calle Broadway después que Brasil ganara la Copa Mundial, de, en última instancia, la cálida ola mediterránea (como una brisa de mar repentina) que sentiste saliendo del subte esa tarde que visitaste poco después del 11 de septiembre, en un momento, los principios de las "alertas naranjas" y el pánico del ántrax, cuando el olor a cenizas todavía persistía en partes de Brooklyn, cuando llamaran traidora a Susan Sontag, cuando los sikhs eran atacados confundidos con árabes, y los árabes eran atacados por ser árabes, un período cuando los políticos y los medios se alinearon con el gobierno como perfectos soldados de juguete y Astoria, desprolijo barrio de inmigrantes, parecía la mejor opción salvo irte de USA.

(like an unexpected sea breeze) you felt as you stepped off the subway that afternoon you visited too soon after 9/11, at a time, the beginning of orange alerts and the anthrax scare, when the lingering smell of ashes still haunted parts of Brooklyn, when Susan Sontag was being called a traitor, when Sikhs were attacked, mistaken for Arabs, and Arabs were attacked for being Arabs, a time when politicians and the media aligned themselves with the government like perfect toy soldiers and messy, immigrant Astoria felt like the next best thing to leaving America.

REFUGIO
DESPUÉS DE ORLANDO, 2016

Lands End. Hastiados y enfermos, venimos huyendo de los horrores del mundo. Nuestras redes sociales saturadas con la más reciente matanza masiva. El tributo de una poeta, la memoria de muchachos bailando en su Bahamas nativa: cuerpos meciéndose, *alas púrpuras y relucientes.*

Existe el horror y la respuesta de nuestros políticos frente al horror. El horror del horror: la xenofobia cruda del Bufón Bombástico; las llamadas presidenciales a "incrementar" los bombardeos y aumentar la vigilancia de Madame. En un tren desbocado somos testigos del ocaso del imperio, su desmoronamiento. Pero todavía hay facturas que pagar, ropa sucia que lavar, niños pequeños con fiebres leves que exigen avena con una cucharita, ahora.

Antes los Yelamu Ohlone vivían aquí. Aquí, donde el borde de la tierra se encuentra con el agua; acantilados irregulares y monumentales, una sensación persistente de vértigo. Aquí, las onduladas dunas de arena *depositadas por el viento y las olas por miles de años,* pañuelos de flores silvestres: amarillo mostaza, púrpura, rojo cereza. Aquí, arboledas de cipreses y el azul del Pacífico, ruinas de antiguas casas de baños. Una línea de pájaros. Belleza tan arrebatadora, tan vasta es difícil de aprehender; nos vemos forzados a parcelar el paisaje o escondernos detrás de la lente de la cámara.

Azotados por el viento, el frío nos saca de nuestras obsesiones, limpia las toxinas políticas que circulan en nuestras venas. Aquí mirando las olas romper contra las rocas, escuchando las sirenas de niebla en la distancia, nuestras mentes divagan hacia terremotos, tsunamis. Nos volvemos conscientes de los desenlaces, no en la mente, en el vientre. Aquí hay duende, un matrimonio de luz y oscuridad, un sentido de nuestro cosmos, de impermanencia.

43

REFUGE
AFTER ORLANDO, 2016

Lands End. World-weary and diseased, we come fleeing the world's horrors. Our feeds bloated from the latest mass killing. A poet's tribute, the memory of boys dancing in her native Bahamas: swaying bodies, *purple shimmering wings*.

There's horror and there's our politicians' responses to horror, horror's horror: the crude, blundering xenophobia of the Bombastic Buffoon; the presidential calls for "ramping up" bombings and increased surveillance by Madame. On a runaway train, we witness the twilight of empire, its unraveling. But still there are bills to be paid, dirty clothes to be washed, toddlers with low-grade fevers demanding oatmeal with a small spoon, now.

Once the Yelamu Ohlone lived here. Here the edge where land meets water; jagged, monumental cliffs, a nagging feeling of vertigo. Here rolling sand dunes *deposited by wind and waves over thousands of years,* patches of wildflowers: mustard-yellow, purple, cherry-red. Here cypress groves and the blueness of the Pacific, ruins of old bathhouses. A line of birds. Beauty so disarming, so sweeping is difficult to apprehend; we are forced to parcel the landscape, or hide behind the camera lens.

Windswept, the cold jolts us out of our obsessions, cleanses the political toxins cursing our veins. Here looking down at the waves crashing against the rock, listening to foghorns in the distance, our minds wander to earthquakes, tsunamis. We become cognizant of endings, not in the mind, in the belly. There's duende here, a marriage of dark and light, a sense of our cosmos, of transience.

FIEBRE DE ORO

El camino a California
está bordeado de violencia,
calderos hirviendo
y fantasiosas máquinas voladoras;
donde entre esta multitud polvorienta y desesperada
está la madrugada
del extraño pájaro naranja
de Apollinaire,
del tiempo imperfecto
con su guiño al presente,
su proyección expansiva,
su verde enjoyado.

GOLD RUSH

The way to California
is lined with violence,
scalding cauldrons,
and whimsical flying machines;
where among this dusty, desperate mob
is the early morning of Apollinaire's
strange orange bird,
of the imperfect tense
with its wink to the present,
its expansiveness,
its jeweled green.

ODA A HEDGEBROOK
PARA KAILA PAZ BOHM

Amaba este lugar,
la isla y el verde variopinto.
Amaba los árboles, el musgo y los helechos—
y sí—¡hasta las abejas amaba!

Amaba el bosque. No cantaba,
pero aquí a veces sí
cantaba una u otra canción.
Una canción de cuna quebrada para su hija,
acurrucada en su vientre.
Totoras malvas (un campo pequeño)
mecidas por el viento,
su laúd.

Amaba este lugar, el océano y el viento.
Amaba la playa—cangrejos naranjas,
conchas de mar y dólares de arena, su botín—
y la madera flotante esparcida, calcificada (color hueso),
anatómica, torcida.
También la amaba.

Amaba el nombre de las cosas,
nombres tales como blue poppies y dogwood tree.
Amaba los nidos,
el águila mamá y el picaflor.
Y aunque la eludía,
también al búho ululando.

Y aquellos arcoíris derramándose sobre su escritorio
mientras escribía a primera hora aquellas tardes.

ODE TO HEDGEBROOK
FOR KAILA PAZ BOHM

She loved this place,
the island and the motley green.
She loved the trees, the moss, the ferns—
and yes—she even loved the bees!

She loved the woods. She did not sing,
but here sometimes
she sang a song or two.
A broken lullaby to her child, a little girl,
nestled in her womb.
Mauve cattails (a small field of them)
swaying in the wind,
her lute.

She loved this place, the ocean and the wind.
She loved the shore—orange crabs,
seashells, and sand dollars, her loot—
and the strewn driftwood, calcified (bone-white),
anatomical, askew.
She loved it, too.

She loved the names of things,
names like blue poppies and dogwood tree.
She loved the nests,
the mama bald eagle and the hummingbird.
And though it eluded her,
she loved the hooting owl,
too.

And the rainbows spilling over her desk

También los amaba.
Amaba el cielo crepúsculo abierto,
Venus y la luna creciente.

No cantaba, pero aquí ella escuchaba
más que una u otra canción.
Tantos cantos peculiares de aves
y las ranitas de noche
mientras leía a la luz de linterna:
Emma, Thoreau
y también Stafford.

as she wrote those early afternoons.
She loved them, too.
She loved the open twilight sky,
Venus and the crescent moon.

She did not sing, but here she heard
more than a song or two.
So many odd bird calls
and the frogs at night
as she read by lantern light:
Emma, Thoreau,
and Stafford, too.

LEYENDO A EMMA GOLDMAN

Como antídoto al miedo,
con la desesperación amarillenta
de los naufragados,
una forma de conjurar el Espíritu,
su llama verde parpadeante.

READING EMMA GOLDMAN

As an antidote to fear,
with the yellowed desperation
of the shipwrecked,
as a way of conjuring Spirit,
its flickering green flame.

MARIKA

En Hungría, antes de la guerra
un poeta te ve coquetear con los muchachos,
cada uno una semilla de granada
-un rubí cincelado- dentro de tu boca
y se enamora,
tu pelo oscuro, hasta el pubis
no debes tener
más de quince.

Años después escribirá un poema
sobre una muchacha de Budapest
un viejo amor de la infancia
a quien se llevaron
al campo de concentración.
En el poema no hay después
ni camión de la cruz roja
ni boda con el voluntario americano
ni hogares en London, Tel Aviv, Geneva.

Estaba equivocado—
sobreviviste.

Ahora desde la cama de la clínica,
mirando las montañas
fuera de tu ventana
resplandor naranja,
piensas en cómo
es lo inesperado
que nos aterroriza,
cómo podemos aceptar casi cualquier cosa
una vez imaginada,

MARIKA

In Hungary, before the war
a poet watches you flirt with the boys
each boy a pomegranate seed
rubied, chiseled inside your mouth
and falls in love,
your hair dark down to your pubis
you cannot be
more than fifteen.

Years later he'll write a poem
about a Budapest girl
an old childhood love
taken away
to the concentration camp.
In it, there is no afterwards
no Red Cross truck
no wedding to the American volunteer
no homes in London, Tel Aviv, Geneva.

He was wrong—
you lived.

Now from the hospital bed,
watching the mountains
outside your window
glow orange,
you think about how
it is the unexpected
that terrifies us,
how we can accept almost anything
once imagined,

cómo en un poema escrito hace mucho tiempo
has hecho precisamente esto:
niña-novia granate deslizándose,
llevada por puntas de alas
bañadas en oro.

how in a poem written long ago
you have done just this:
maroon child-bride gliding away,
carried by wing tips
dipped in gold.

ANÁLISIS DE DETALLE EN EL JARDÍN DE LAS DELICIAS DE BOSCH

Demasiado recargo fantasioso y aleado, demasiados elementos peleando por mi atención—no sé cuándo mirar y hacia dónde desviar la mirada. Este clamoreo, un ataque. El tipo de fatiga mental que siento a menudo estos días, y que me hace anhelar el silencio y el bosque. *Verde que te quiero verde.* Me enfoco en un primer plano de la fuente rosada, a la vez extrañamente futurista, conjurando reinos de vidrio y mortero, orgánica como una extraña planta del desierto, algún tipo de cactus espinoso. Parece casi animada. ¿Podés ver la ventriloquía de sus miembros bailadores? Y en primer plano, las texturas, la parte circular donde el pequeño búho pigmy está posada. Me obsesiona la perfección del círculo, su redondez insoportable. Las grietas en la pintura rosada, mi mano envejeciendo debajo de una lupa, riachuelos interminables. Pero es el pequeño búho quien me captiva. Sus pupilas oscuras. Sus irises amarillas mirando hacia escombros azul oscuros de cuencas de colores relucientes, frascos translucentes. Críticos de arte afirman que el búho es símbolo de la oscuridad, del diablo. Pero me gustaría recogerlo con mis manos, acurrucarlo en mi pecho, querido corazón que ha visto demasiado, sus ojos vigilantes, su ansiedad acelerada demasiado moderna. Una vez una poeta me dijo que si me partiesen al medio encontrarían un búho reluciente. Aquella noche en Caracas cuando tenía cinco años y escuché a mis padres murmurar sobre mi tío Raúl. *Cuando lo mataron,* durante años el terror se encarnó en aquellos sobretodos oscuros de los generales que había visto en recortes de diario.

CLOSE STUDY OF DETAIL IN BOSCH'S THE EARTHLY GARDEN OF DELIGHTS

Too much fantastical, winged busyness, too many disparate elements cloying for attention—I don't know when to look & where there is to look away. This clamoring, an assault. The kind of mental fatigue I feel often these days, making me long for silence & the woods. *Verde que te quiero verde.* So I settle on a close-up of the fountain, pink, at once strangely futuristic, conjuring kingdoms of glass & mortar, organic like a strange desert plant, some kind of prickly cacti. It feels almost animate. Can you see the ventriloquism of its dancing limbs? And in a close-up, the textures, that circular part where the tiny pygmy owl is perched. I obsess over the perfection of the circle, its grating roundness. The cracks in the pink paint like my aging hand under a magnifying glass, endless rivulets. But it's the tiny owl that captivates. Its dark pupils. Its yellowed irises looking down at a dark blue wreckage of glistening colored beads, translucent vials. Art critics assert the owl is a symbol of darkness, the devil. But I'd like to scoop it with my hands, cup it to my chest, dear heart that has seen too much, its beady eyes, its quickened anxiety all too modern. Once a poet told me if you were to crack me open you would find a tiny glittering owl. That night in Caracas when I was five & overheard my parents whispering about my uncle Raúl. *Cuando lo mataron,* for years afterward terror was the dark, long overcoats of the generals I had seen in newspaper clippings.

FRASCO DE VIDRIO

Pero a veces
perdemos la forma
de entrar al Universo
el silencio se expande
como capas enormes de Invierno,
marcando con estacas un corral
alrededor de la garganta.

Y, ay, la
Imaginación:
polvoriento anillo
de capullos de rosa,
olvidado en un cajón;
muestra consagrada
en un frasco de vidrio.

GLASS JAR

But sometimes
we lose our way
into the Universe—
silence expands
like giant swaths of Winter,
stakes a corral
around the throat.

And alas, the
Imagination:
dusty ring of rosebuds
in a forgotten drawer;
anointed specimen
in a glass jar.

SOBRE EL CEMENTERIO
DEL BOSQUE DE KIRCHNER

La gravedad es nuestra respuesta
a la mortalidad,
contornos diseñados
para mantener la vida
(y la muerte)
a raya.
En lugar de imitación
te ofrezco estas
colinas bucólicas
de imaginación:
senderos esmeraldas
nacientes, sinuosos
y un sentido
de lo cósmico,
porque, sí,
esto también es una
suite fúnebre:
pero aquí dentro
del seno
verde amarillo
de estas colinas bucólicas
hay poca necesidad
de trajes rígidos
y manierismos.

ON KIRCHNER'S FOREST GRAVEYARD

Gravity is our answer
to mortality,
the contours meant
to keep life
(and death)
at bay.
Instead of imitation
I offer you these
rolling hills
of imagination:
inchoate, emerald
winding paths
and a sense
of the cosmic,
because, yes,
this too is
a graveyard suite:
but here within
the yellow-green
womb and
rolling hills
there's little need
for stilted suits
and mannerisms.

CREDO

Creo en tropillas de caballos rojos salvajes
en la imaginación como contrapunto al sufrimiento,
proveedora de empatía.
En ritual cuando este se despliega
hacia al cielo amarillo, elevándose
desde la neblina ilusoria
de lo cotidiano,
en el Libro de las preguntas de Neruda.

Creo que el olvidar nuestra mortalidad
está programado,
lleva a otros tipos de olvido,
la repetición de la historia,
nos deja miope,
el nunca más una promesa hueca
o talismán.

Creo en los regalos inusuales
del inconsciente,
naranjas quemadas,
baños en el mar de lo colectivo,
en la decencia básica del común de la gente
y la despiadada brutalidad del poder.
Creo en causas perdidas y en los denunciantes,
el poema lírico,
aquel elusivo loto azul cobalto de mi sueños,
un compás persistente.

CREDO

I believe in herds of wild, red horses,
imagination as counterpoint to suffering,
purveyor of empathy.
In ritual when it cracks open
into yellow sky, rising
from the illusory fog
of the quotidian,
in Neruda's Book of Questions.

I believe forgetting our mortality
is hardwired,
leads to other kinds of forgetting,
history repeating itself,
renders us myopic,
never again a hollow promise
or talisman.

I believe in the rare gifts
of the unconscious,
burnt oranges,
dips into the sea of the collective,
in the basic decency of so many ordinary folk
and the ruthlessness of power.
I believe in lost causes and whistleblowers,
the lyric, the cobalt-blue lotus in my dream,
elusive, this persistent compass.

CANCIÓN DE CUNA

ojos y árboles
ojos y árboles
y quizás una abeja

Sé que las palabras
no detendrán
ni a los ejércitos

ni a las torturas

y estos días pienso
en poca otra cosa

Pero aún dibujo
árboles imaginarios
árboles y ojos
árboles y ojos
y quizás una abeja

LULLABY

eyes & trees
eyes & trees
& maybe a bee

I know words will not
stop the armies

or the tortures

and these days I think
of little besides

Still I draw
imaginary trees
eyes & trees
eyes & trees
& even a bee

GUÍA PEDAGÓGICA

LUGAR

Unas de mis primeras profesoras de poesía nos contó una vez que escribía para "conservar las cosas", y esa expresión se me pegó. El sentido de desarraigo y desplazamiento fue uno de los legados de la dictadura. Para cuando yo tenía nueve años ya había vivido en tres países distintos y en diversos pueblos y ciudades. Varios de los poemas en esta colección ahondan profundamente en la memoria intentando bien homenajear un lugar en particular, o rescatar la belleza de aquello que ha sido perdido o dejado atrás. Para mí, los lugares están casi siempre ligados a un período específico.

CÓMO ARRANCAR

Piensa en un lugar que haya sido importante para ti en algún momento de tu vida. Puedes querer empezar con un ejercicio de escritura automática en el cual escribes sobre un lugar en particular sin parar. Trata de capturar la esencia del lugar y tus sentimientos con el mayor detalle posible; incluye lenguaje que apele a los sentidos. ¿Qué detalles te sorprenden? ¿Dónde está el núcleo emocional de tu escrito? ¿Qué contradicciones/ambivalencias surgen? Experimenta con el uso de la repetición de palabras o frases y tus notas para escribir un poema.

Nota: puede resultarte útil escuchar música instrumental mientras escribes. Entre los compositores que han favorecido mi imaginación cuento a Eric Satie, Brian Eno, Astor Piazzolla y Simon Shaheen. Puede ayudarte escuchar música que asocies con el lugar sobre el cual estás escribiendo.

POEMAS REPRESENTATIVOS:

"Rosario", "Oda a Astoria", "Oda a Hedgebrook", "Refugio"

CLASSROOM GUIDE

PLACE

One of my first poetry teachers once said she wrote "to keep things," and that always stayed with me. Among the legacies of the dictatorship was a sense of rootlessness and displacement. By the time I was nine, I had lived in three different countries and numerous towns and cities. Several of the poems in this collection delve deeply into memory in an attempt to pay homage to a particular place, or salvage the beauty in what has been lost or left behind. For me, place is almost always also tied to time.

PROMPT

Think of a place that has been important to you at some point in your life. You may want to begin by doing an automatic writing exercise in which you jot down as many notes as possible about the place. Try to capture the essence of the place and your feelings about it in as much detail as possible; include language that appeals to the senses. What details surprise you? Where is the emotional heart of the piece? What contradictions/ambivalences arise? Then experiment with using repetition of keywords or phrases to shape your "notes" into a poem.

(Note: it may prove useful to listen to some kind of instrumental music while writing. Among others, I have written to Eric Satie, Brian Eno, Astor Piazzola, and Simon Shaheen. Perhaps choose music that you associate with the place.)

REPRESENTATIVE POEMS:

"Rosario," "Ode to Astoria," "Ode to Hedgebrook," "Refuge"

RETRATOS

Esta colección fue inspirada por las imágenes de los personajes de la comunidad de exiliados de mi infancia. Fui cautivada por la noción de usar palabras para capturar la esencia de una persona, de la misma manera en que un artista puede captar un personaje con algunas líneas o pinceladas. Mi ambición consistía en destilar la esencia de la persona en un poema, en pintarlos con pinceladas precisas. Esto fue mucho antes de conocer *Diez mil vidas*, la obra en múltiple volumes comenzada en prisión por el gran poeta coreano Ko Un en la cual buscó capturar poéticamente cada persona que había conocido en su vida. Si bien mi colección no está exclusivamente compuesta por retratos poéticos, sí incluye un número de poemas sobre personajes que he conocido en mi vida o a través de las artes.

CÓMO ARRANCAR

Escribe un poema en el cual tratas de capturar la esencia de una persona o personaje que haya cautivado tu imaginación. Puedes querer leer algunos de los retratos de Ko Un para inspirarte. Comienza escribiendo una lista de recuerdos (incluyendo objetos) que asocias con tu persona. Procura incluir detalles vívidos y concretos. Luego escribe una lista de acciones específicas que asocias con tu persona. (Por ejemplo, en "Tía Mirta", escribo sobre las flores que robaba mi tía.) Finalmente, trata de escribir una lista de preguntas o frases que asocias con tu persona. Haz hincapié en preguntas o frases que la representen. Utiliza tus notas para escribir un poema.

POEMAS REPRESENTATIVOS:

"Tía Mirta", "Princesa de hielo", "Marika", "Orden", "Ciclos y laureles", "Leyendo a Emma Goldman", "Oda a Henry Darger"

PORTRAITS

A very early idea for this collection was for it to be composed almost exclusively of portraits of people from the exile community of my childhood. I was taken by the idea of using words to capture the essence of a person, much the same way that an artist may capture someone with lines or brushstrokes. My ambition was to try to distill the person's essence into a poem, to paint them with a few precise strokes. This was long before I learned of the great Korean poet Ko Un's *Ten Thousand Lives*, a multi-volume work begun in prison in which the author attempts to capture in poetry every person he has ever met. While my collection is not exclusively made up of portraits, it does include a significant number of poems about personages I have encountered in both life and art.

PROMPT

Write a poem in which you capture the essence of a person or character who has sparked your imagination. You may choose to read some of Ko Un's portraits as inspiration. You may want to begin by jotting down a list of memories (including objects) that you associate with your person. Try to be as vivid and concrete as possible. Then write down a list of specific actions that you associate with them. (In "Aunt Mirta," I write about my aunt stealing flowers, for example.) Finally, write down a list of questions or phrases that you associate with your personage. Focus on questions or phrases that capture them, or that you believe haunt them in some way. Shape your notes into a poem.

REPRESENTATIVE POEMS:

"Aunt Mirta," "Ice Princess," "Marika," "Order," "Cycles & Laurels," "Reading Emma Goldman," "Ode to Henry Darger"

POEMAS ECFRÁSTICOS Y HAIKU DE COLORES

Para mi las artes visuales y los colores (de manera más general) siempre han sido una manera de acceder a la imaginación. Aún los nombres de los colores, nombres como naranja quemada y verde mar, son una fuente de inspiración y me transportan de lo cotidiano a un lugar más imaginativo y expansivo.

CÓMO ARRANCAR

Escribe un poema inspirado por una pintura o una fotografía. Alternativamente, escribe una serie de haikus o poemas cortos incorporando un color diferente en cada poema.

Consejos: Si estás escribiendo sobre un cuadro, puedes comenzar escribiendo de manera automática (sin parar) y anotando todos los detalles y lenguaje que asocias con la imagen. Presta atención a los detalles. No te censures y no te preocupes por seguir una lógica. ¿Qué palabras evocan para ti las imágenes? ¿Qué asociaciones puedes hacer? ¿Qué sensaciones te despierta la obra de arte? Tu poema ecfrástico puede comenzar describiendo la pintura y usar esa descripción para saltar a otros lugares en tu imaginación y/o memoria.

POEMAS REPRESENTATIVOS:

"En el interior de los atrabiliarios de Salcedo", "Entramado", "Sobre el cementerio del bosque de Kirchner", "Análisis de detalle en el jardín de las delicias de Bosch", "Haiku de colores"

EKPHRASTIC POEMS & COLOR HAIKU

For me the visual arts and, more generally, color have always been an entrypoint into imagination. Even the names of colors, names like burnt orange or sea green, can be a source of inspiration and transport me away from the quotidian into a more imaginative and expansive place.

PROMPT

Write a poem inspired by a painting or photograph. Alternatively, write a series of haiku and use a different color for each.

Tips: If you're writing from a painting, you might begin by writing automatically (without stopping) and jotting down as much detail and language as possible that you associate with the image. Pay attention to details. Don't censor yourself and don't worry about making "sense." What words are conjured by the images? What associations can you make? What sensations does the artwork arouse for you? Your ekphrastic poem may begin by describing the painting and use that description to leap into other places in your imagination and/or memory.

REPRESENTATIVE POEMS

"Inside Salcedo's Atrabiliarios," "Lattice," "On Kirchner's Forest Graveyard," "Close Study Of Detail In Bosch's The Earthly Garden Of Delights," "Color Haiku"

AGRADECIMIENTOS

Este libro está dedicado a la poeta argentina Gilda Di Crosta, quien nos dejó demasiado pronto. Y a los espíritus revolucionarios en mi vida: Raúl Milito, Silvia Bianchi y Carlitos All.

Los poemas en esta colección fueron escritos en el transcurso de muchos años y en distintas localidades. Del equipo de Colorado, agradezco profundamente a Peter Michelson, mi asesor de tesis, y Lorna Dee Cervantes, y mi sentida gratitud a Daniel Weinshenker y Rudy Mesicek por su amistad y conversaciones enriquecedoras a lo largo de los años.

Gracias especiales para Jonathan Flinker quien sugirió el subtítulo de esta colección y para David Alexander quien cariñosamente encuadernó mi tesis de maestría años atrás.

Agradezco a todas las organizaciones artísticas que me han apoyado: IWL workshop, Hedgebook, CantoMundo, San Francisco Writers Grotto (especialmente Rooted & Written) y Community of Writers.

El taller de IWL fue mi primera experiencia con una comunidad de escritores en el área de la bahía cuando recién llegaba de Nueva York. Fue una bendición en un momento de profundo desarraigo. Mil gracias a todos los escritores de ese taller, y en particular, a Vanessa Merina, Cleavon Smith, Gloria Yamato, Rene Young, Jennifer Kong y Maureen Evans.

A nuestro grupo de poesía de Bernal Heights: Karen Llagas, Lourdes Figueroa, Abigail Licad, Tehmina Khan, Shradha Shah y Mark Prudwosky.

Hedgebrook no solo me proporcionó un santuario durante el año de mi residencia, pero continuó proveyendo apoyo durante esta pandemia a través del grupo Flying Flounders, un grupo de escritoras de Hedgebrook que se reúnen virtualmente para brindarse apoyo. La traducción de

ACKNOWLEDGEMENTS

This book is dedicated to the Argentine poet Gilda Di Crosta, who left us too soon. And to the revolutionary spirits in my life: Raúl Milito, Silvia Bianchi, and Carlitos All.

The poems in this short collection span many years and several states. Of the Colorado crew, deep gratitude to Peter Michelson, my thesis advisor, and Lorna Dee Cervantes, with additional heartfelt thanks to Daniel Weinshenker and Rudy Mesicek for friendship and nourishing conversation over the years.

Special thanks to Jonathan Flinker who came up with the subtitle for the collection and David Alexander who lovingly bound my master's thesis years ago.

I am grateful to all the arts organizations that have supported me: IWL workshop, Hedgebook, CantoMundo, San Francisco Writers Grotto (particularly Rooted & Written), and Community of Writers.

The IWL workshop was my first experience with a writing community in the Bay Area as a new transplant from New York. It was a godsend when I was feeling particularly unmoored. Thanks to all the writers in that workshop and, in particular, to Vanessa Merina, Cleavon Smith, Gloria Yamato, Rene Young, Jennifer Kong, and Maureen Evans.

To our Bernal Heights poetry group: Karen Llagas, Lourdes Figueroa, Abigail Licad, Tehmina Khan, Shradha Shah, and Mark Prudwosky.

Hedgebrook not only provided a sanctuary during the year of my residency, but also has continued to provide support during our current pandemic through the Flying Flounders, a group of alumni who meet virtually to support one another. The translation of this collection into Spanish would not have been possible without this virtual community

esta colección al castellano no habría sido posible sin contar con esta comunidad virtual en estos tiempos imposibles. Gracias, Wendy Call, Sarah Manyika, Minal Hajratwala, Janine Kovac, Putsata Reang, Debby Dahl Edwardson, Ellen Adams, Naomi Williams, Kitty Costello, Toni Mirosevich, Dona Bolding, Venise Wagner, Jessica Bergamino, Elaine Elinson, Amy Wheeler y Mary Volmer.

A la familia de CantoMundo, estoy agradecida con sus fundadores y fellows, y esperanzada por el futuro de la organización. Son demasiados los CantoMundistas para agradecer individualmente, pero me siento particularmente endeudada con Deborah Paredez, Ruthie Sanabria, Javier Zamora, Emily Perez, Rosebud Ben-Oni y Cintia Santana.

Para Nomadic Press por darle un hogar a esta colección. En particular, a J. K. Fowler y su hermosa visión radical de una editorial centrada en la comunidad, y a mis compañeras Cantomundistas y miembros de la familia Nomadic MK Chavez y Raina León por su amistad y apoyo entusiasta con este libro.

A mis amigas, Shannon y Marina, cuya casa en Alameda ha sido un refugio en el transcurso de los años. A Eunhee Cho, Carina D'Oliveira y Aimé Lezcano—las hermanas que nunca tuve.

A mi mamá, Laura Eugenia All, cuyo apoyo con mis hijas hizo posible esta colección. Nunca me dejó olvidar a la escritora e intelectual dentro de mí.

A mi papá, Rodolfo Milito, quien me alentó con la versión bilingüe de este libro y sugerencias sobre las traducciones. A Lelé Santilli quien no solo participó con sugerencias sobre las traducciones, pero también con su estímulo y hasta un poema en respuesta a la colección.

A mi hermano, Ernesto Milito, por su apoyo e inspiración, incluyendo su brillante playlist de música para alentarme durante estos tiempos. A su esposa, Farnaz, una bella adición a nuestra familia. A Ginny Nichols por su ayuda con mis hijas durante estos años.

during these most impossible of times. Thank you, Wendy Call, Sarah Manyika, Minal Hajratwala, Janine Kovac, Putsata Reang, Debby Dahl Edwardson, Ellen Adams, Naomi Williams, Kitty Costello, Toni Mirosevich, Dona Bolding, Venise Wagner, Jessica Bergamino, Elaine Elinson, Amy Wheeler, and Mary Volmer.

To the CantoMundo family, I am grateful to its founders and fellows, and excited for the future of the organization. There are too many CantoMundistas to thank individually, but I am particularly indebted to Deborah Paredez, Ruthie Sanabria, Javier Zamora, Emily Perez, Rosebud Ben-Oni, and Cintia Santana.

To Nomadic Press for giving this collection a home. In particular, to J. K. Fowler and his beautifully radical community-centered vision for the press, and to fellow Cantomundistas and Nomadic fam members MK Chavez and Raina León for their friendship and enthusiastic support with this book.

To my friends, Shannon and Marina, whose home in Alameda has provided a refuge over the years. To Eunhee Cho, Carina D'Oliveira, and Aimé Lezcano—the sisters I never had.

To my mother, Laura Eugenia All, whose support with my daughters made this collection possible. She never allowed me to forget the writer and intellectual in me.

To my father, Rodolfo Milito, who encouraged a bilingual version of this book and provided endless feedback on the translations. To Lelé Santilli who provided not only feedback on the translations, but also essential encouragement and even a poem in response to the collection.

To my brother, Ernesto Milito, for his support and inspiration, including brilliant music playlists to keep my spirits up during these times. To his wife, Farnaz, a beautiful new addition to our family. To Ginny Nichols for her help with my daughters over the years.

A mi familia en Argentina, que nunca me dejó olvidar nuestra historia: mis tíos Hugo y Martín y sus familias, mi tía Alicita. A Fernando, quien también nos dejó demasiado pronto. A mi abuela Ñata, quien recitaba a Darío y Lorca mientras realizaba las tareas de la casa. A mi abuelo Carlos, que murió justo antes de que nos mudásemos a Estados Unidos, y cuyo perramus verde seco todavía uso como protección. A mi abuela Alicia quien me alimentó con historias de la familia cuando más las necesitaba, y mi abuelo Juan, cuyo espíritu de solidaridad vive en las historias que otros cuentan sobre él.

A mi marido, Matt, mi primer lector, mi hogar, cuyo amor incondicional y apoyo a lo largo de los años ha sido todo, y cuyo hincapié en las artes cuando no éramos mucho más que adolescentes me dio permiso para comenzar a imaginarme escritora.

A mis hijas Kaila Paz y Amaya Sofía, cuya vivacidad, creatividad y ferocidad sirven de inspiración.

Mi agradecimiento a los editores de las revistas donde un número de los poemas en sus versiones en inglés fueron publicados:

"Animal totem" en *Written Here*
"Canción de cuna" en *Quiet Lightning*
"Entramado" en *Ninth Letter*
"Refugio" y "Credo" en *Latina Voices, Protest, and Struggle in 21st Century USA*
"Refugio" en *92nd Street Y*
"Tía Mirta" y "Infancia" en *Diálogo*
"Haiku de colores", "Oda a Henry Darger", "Sobre el cementerio del bosque de Kirchner" y "Oda a Astoria" en *Digging Through The Fat* (originalmente publicado en *Entremares Magazine*)
"Ciclos y laureles" en *What the World Hears*
"Orden" en *Indiana Review*
"Análisis de detalle en el jardín de las delicias de Bosch" en la serie Poema del día de la Biblioteca Pública de San Francisco
"Haiku de colores", "Oda a Henry Darger", "Fiebre de oro", "Frasco de vidrio" y "Sobre el cementerio del bosque de Kirchner" en *27 Hours*

To my family in Argentina, who never let me forget our history: my uncles Hugo and Martín and their families, my aunt Alicita. To Fernando, who also left us too soon. To my abuela Ñata, who recited Darío and Lorca to me as she went about the household chores. To my abuelo Carlos, who died just before we moved to the U.S., and whose olive green overcoat I still wear for protection. To my abuela Alicia who fed me family stories when I most needed them, and to my abuelo Juan, whose spirit of solidarity lives in the stories others tell about him.

To my husband, Matt, my first reader, my home, whose unconditional love and support over the years has been everything, and whose centering of the arts when we were just teens first gave me permission to start thinking of myself as a writer.

To my daughters Kaila Paz and Amaya Sofía, whose vivacity, creativity, and ferocity are an inspiration.

My gratitude to the editors of the magazines where a number of the poems in this collection first appeared:

"Totem Animal," in *Written Here*
"Lullaby," in *Quiet Lightning*
"Lattice," in *Ninth Letter*
"Refuge" and "Credo" in *Latina Voices, Protest, and Struggle in 21st Century USA*
"Refuge," in *92nd Street Y*
"Aunt Mirta" and "Infancia" in *Diálogo*
"Color Haiku," "Villanelle for Henry Darger," "On Kirchner's Forest Graveyard," and "Ode to Astoria" in *Digging Through The Fat* (republished from *Entremares Magazine*)
"Cycles and Laurels" in *What the World Hears*
"Order," in *Indiana Review*
"Close Study Of Detail In Bosch's The Earthly Garden Of Delights" in San Francisco Public Library's Poem of the Day series
"Color Haiku," "Villanelle For Henry Darger," "Gold Rush," "Glass Jar," and "On Kirchner's Forest Graveyard" in *27 Hours*

FLORENCIA MILITO

is a bilingual poet, memoirist, and translator whose work has appeared in *ZYZZYVA*, *Indiana Review*, *Catamaran*, *Entremares*, *Digging through the Fat*, *Diálogo*, *92nd Street Y*, *Kenyon Review*, *Quiet Lightning*, *Ninth Letter*, and *Latinas: Struggles & Protests in 21st Century USA*, among others. A Hedgebrook and Community of Writers alumna, and SF Grotto and CantoMundo fellow, her writing has been influenced by her early experience fleeing Argentina's 1976 coup, subsequent childhood in Venezuela, and immigration to the United States at the age of nine. In 2011, she was a reader at the Festival Internacional de Poesía de Rosario. In 2020, she read at the 8th Winter Warmer Poetry Festival in Cork, Ireland. *Ituzaingó: Exiles and Reveries* is her first collection.

OTHER WAYS TO SUPPORT NOMADIC PRESS' WRITERS

In 2020, two funds geared specifically toward supporting our writers were created: the **Nomadic Press Black Writers Fund** and the **Nomadic Press Emergency Fund**.

The former is a forever fund that puts money directly into the pockets of our Black writers. The latter provides up to $200 dignity-centered emergency grants to any of our writers in need.

Please consider supporting these funds. You can also more generally support Nomadic Press by donating to our general fund via nomadicpress. org/donate and by continuing to buy our books. As always, thank you for your support!

Scan here for more information and/or to donate.
You can also donate at nomadicpress.org/store.